Inhalt

6 Jetzt wird gefeiert!
   Kleid mit Chiffonrock

8 Black and White
   Hahnentrittpulli mit V-Ausschnitt

11 Kuschelweich und warm!
   Strickweste mit Webpelz

14 Ein schöner Rücken …
   Neckholder-Top

16 Aufschneiden erwünscht!
   Reißverschlussjacke

18 Gezähmt und ungefährlich
   Schluppenbluse

20 Cool kombiniert
   T-Shirt mit Loopkragen und Jeansrock

23 Fake-Fur als Frostschutz!
   Weste mit Fell-Einsätzen

26 Ringel trifft Spitze
   Rock mit Spitzenrüschen

28 Gar nicht klein kariert
   Karobluse mit Kontraststreifen

30 Blue Mood
   Cardigan

33 Ganz neu aufgerüscht
   Rüschenbluse mit Stehkragen

36 Spitzenreiter
   Rock mit Spitzengodets

38 Das ist Spitze!
   T-Shirt mit Spitzenpasse

40 Es war einmal ein Hemd …
   Tailliertes Freizeithemd

42 Geschickt verlängert!
   Rock mit Volants

44 Chinos – cool und trendy!
   Chinohose

46 Mit fremden Federn geschmückt
   Pulli mit Federboa

48 Der Figur zuliebe
   Rock mit Strickblenden

51 Das wird ein heißer Sommer!
   Ärmelloses Sakko und Hotpants

54 Colour-Blocking ist Trend
   Kleid mit Farbblöcken

56 Material und Werkzeug

57 Näh-ABC

60 Vorlagen

62 Impressum

Jetzt wird gefeiert!

Aus dem schlichten T-Shirt wird ein tolles Kleid mit Chiffonrock. Für Glanzeffekte sorgt die Paillettenborte.

Material
- ein schlichtes T-Shirt
- 1,80 m Polyester-Chiffon, 140 cm breit
- Paillettenborte, 1 cm breit. Die Länge errechnet sich aus: Hüftweite plus ca. 10 cm Zugabe und Halsausschnittweite zuzüglich 2 cm Nahtzugabe.

So wird's gemacht

Das T-Shirt anziehen und die gewünschte Länge abstecken. Das Kleid auf dem Foto hat eine Gesamt-Rückenlänge von 94 cm. Der Chiffonrock ist 40 cm lang, er ist aus vier Stoffbahnen zusammengesetzt.

Zwei Stoffbahnen jeweils rechts auf rechts zusammensetzen. Nahtzugaben auseinanderbügeln und an einer Kante einmal 1,2 cm breit mit einem großen Steppstich steppen, dann 0,5 cm daneben steppen. An einer Stoffseite die zwei nebeneinanderliegenden Fäden in die Hand nehmen und auf halbe Hüftweite zuzüglich ca. 5 cm Bequemlichkeitsweite zusammenziehen.

Die Rockteile rechts auf rechts legen und die Seitennähte steppen. Nahtkanten zusammen versäubern, den Saum zweimal knapp einschlagen und mit der Maschine steppen.

Den Chiffonrock rechts auf rechts an das T-Shirt stecken, dabei die Kante des Shirts etwas dehnen und anheften.
Die Naht steppen, Nahtkanten versäubern und in das T-Shirt gerichtet bügeln.

Die Paillettenborte aufstecken und an beiden Kanten knappkantig aufsteppen.

Zum Schluss die Paillettenborte auf den Halsausschnitt steppen.

Black and White

Der Hahnentrittpulli ist wieder im Trend. Der zu enge, ausgerissene Halsausschnitt wird durch einen modischen V-Ausschnitt ersetzt.

Material
- ein Pulli
- 0,30 m Strickschlauch/Bündchenstoff, 50 cm breit

So wird's gemacht

Den Pulli anziehen und die neue Ausschnitttiefe abstecken: hier 14 cm von oben.

Die vordere Mitte ausmessen und mit einem Heftfaden markieren.

Dann 1 cm neben der Heftlinie abschneiden.

Den Pulli an der vorderen Mitte zur Hälfte aufeinanderlegen. Darauf achten, dass die Schulternähte auch genau aufeinanderliegen. Mit Stecknadeln fixieren und den neuen Halsausschnitt abheften.

Das alte Kragenbündchen mit abschneiden. ▶

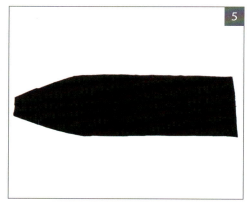

Den neuen Halsausschnitt ausmessen und das Kragenbündchen in zwei Teilen zuschneiden (siehe Schemazeichnung).

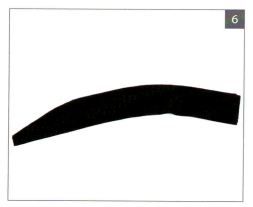

Das Bündchen an der Umbruchlinie zur Hälfte legen und vorsichtig in Form bügeln. Die Bruchkante kurz bügeln und die Außenkante etwas dehnen.
Die Teile wieder aufklappen und die rückwärtige Mitte rechts auf rechts steppen. Naht auseinanderbügeln, Schnittkanten aufeinanderlegen und leicht gedehnt (mit Stecknadeln ausprobieren) an den Halsausschnitt steppen.

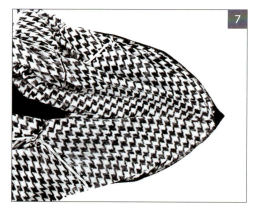

An der vorderen Mitte die Nahtzugabe des Pullis bis zur Ecke einschneiden und die Enden des Bündchens übereinanderlegen.

Nahtkanten versäubern und zum Pulli gerichtet bügeln.

Schemazeichnung Kragenbündchen

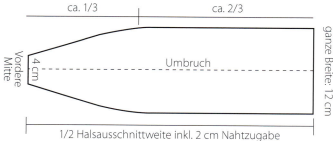

Kuschelweich und warm!

Der alten Strickweste fehlt das gewisse Etwas. Mit flauschigem Webpelz lässt sich ein praktischer Kragen zum Anknöpfen arbeiten.

Material
- eine Strickjacke/-weste
- 0,50 m Webpelz, 150 cm breit
- 0,50 m Futterstoff, 140 cm breit
- Plastikdruckknöpfe, transparent, 13 mm Durchmesser

So wird's gemacht

Zuerst muss ein Kragenschnitt angefertigt werden. Dazu den Kragen der Weste glatt auf Papier legen und mit Nadeln feststecken. Die Außenkante bis zur rückwärtigen Mittelnaht nachzeichnen. Dann eine Linie am Kragenumbruch zeichnen und hier bis zur unteren Kragenspitze auslaufend 2 cm für die Rollweite anzeichnen.

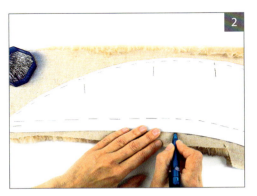

Den Kragen in zwei Teilen auf der linken Seite des Webpelzes mit einem Kugelschreiber anzeichnen. Wichtig: Darauf achten, dass die Kragenteile gegengleich aufgezeichnet werden.

Mit 0,5 cm Nahtzugabe zuschneiden. Dabei möglichst nur das Gewebe mit der Schere erfassen.

Dann die Fellhaare auseinanderziehen. ▶

Für das Futter den Schnitt an der Außenkante um 0,5 cm verkleinern und dann im Stoffbruch mit 0,5 cm Nahtzugabe an der rückwärtigen Mitte zuschneiden.

Futter und Fell aufeinanderstecken, dabei die Fellhaare wieder sorgfältig nach innen legen (mit Schere oder Nahttrenner), zusammensteppen.

An der Innenkante des Kragens Futter und Webpelz mit einem Zickzackstich aufeinandersteppen.

Die Kragenteile an der rückwärtigen Mitte rechts auf rechts steppen. Dabei die Fellhaare mit dem Finger sorgfältig zurücklegen.

Den Kragen wenden und auf dem Futter, die Nahtzugaben liegen darunter, knappkantig gegensteppen. Zum Schluss eventuell die Haare mit der Nadel herausziehen.

Im Abstand von 10–12 cm die Druckknöpfe annähen.

Von der Naht ist außen fast nichts zu sehen.

Ein schöner Rücken ...

Aus dieser Bluse wird ein ganz sommerliches Neckholder-Top mit einem kleinen Reverskragen. Toll für die Strandparty!

Material
- eine Bluse
- 0,50 m Gummiband, 1 cm breit

So wird's gemacht

Die Bluse entweder anziehen oder auf eine Schneiderpuppe ziehen.

Den Kragen hochschlagen und die gewünschte Linie abstecken. An den Vorderteilen und am Rückenteil eine Linie heften.

Den Kragen nur am Rückenteil bis zu den Schulternähten abtrennen.

Die Ärmel ganz heraustrennen, die Schulternähte auftrennen und die Armausschnitte genau aufeinanderstecken. Neben dem Heftfaden 1 cm Nahtzugabe anzeichnen und abschneiden.

Dann die Bluse anprobieren und eventuell an der rückwärtigen Mittelnaht und an den Seitennähten überschüssige Weite abstecken und abnähen.

Die Nahtzugabe nach innen bügeln, knapp einschlagen und feststeppen.

Am rückwärtigen Kragen die Kanten aufeinandersteppen.

Um der Bluse am Rücken einen besseren Halt zu geben, an der rückwärtigen Naht ein Gummiband mit einem genähten Zickzackstich untersteppen.

Aufschneiden erwünscht!

Der Rollkragen war zu eng am Hals, außerdem ist eine Reißverschlussjacke vielseitiger und sportlicher.

Material
- ein Rollkragenpullover
- Satinband, 25 mm breit, in Jackenlänge zuzüglich Rollkragenlänge und Nahtzugabe
- 1 Reißverschluss, teilbar, in Jackenlänge zuzüglich Rollkragenlänge und Nahtzugabe

So wird's gemacht

Den Pullover glatt auf den Tisch legen und die vordere Mitte mit Stecknadeln markieren, danach die vordere Mitte mit einer Heftlinie markieren.

Den Rollkragenpullover entlang der Heftlinie durchschneiden.

Pullover komplett aufgeschnitten

Das Satinband bei 0,5 cm Breite auf die vordere Kante stecken. Oben am Kragen und unten am Bund jeweils 1 cm überstehen lassen. Jetzt das Band knappkantig aufsteppen.

Die Nahtzugabe oben und unten einschlagen. Dann das überstehende Satinband nach innen legen und von rechts im Nahtschatten durchsteppen.

Fertig angenähtes Satinband

Den Reißverschluss unter die Kante stecken und verdeckt einnähen. An der oberen Kante die Reißverschlussenden einschlagen.

Gezähmt und ungefährlich

Ist der Kragen vom Waschen schon verschlissen? Mit der Schluppe in einer Kontrastfarbe wird diese Bluse aufgepeppt!

Material
- eine Bluse
- 0,50 m Polyester-Chiffon, 110 cm breit (für alle Größen)

So wird's gemacht

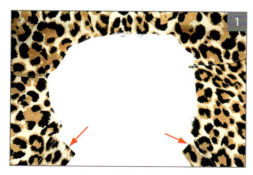

Zuerst den Kragen abtrennen. Die Nahtzugaben an Über- und Untertritt (siehe Pfeile) nach innen legen und mit der Hand aufeinandernähen.

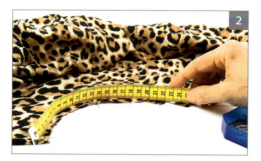

Die Bluse an der rückwärtigen Mitte im Stoffbruch legen. Schulternähte und vordere Mitte aufeinanderstecken und den Halsausschnitt an der Nahtlinie, nicht an der Schnittkante, bis zur vorderen Mitte ausmessen.

Den Chiffon zuschneiden (siehe Schemazeichnung auf Seite 60). Dann längskantig zur Hälfte legen. Die Schmalseiten aufeinanderlegen und die Enden schräg abschneiden. Von der Bruchkante nach rechts den halben Halsausschnitt messen und markieren. Die rückwärtige Mitte ebenfalls mit einem Knips markieren.

Den Schalkragen an den Längskanten rechts auf rechts legen und jeweils bis zu den Markierungen steppen. Naht an den Enden verriegeln. Die Nahtzugaben an den schrägen Enden knapp abschneiden. Den Schal nach außen wenden und die Kanten flach bügeln. Am Halsausschnitt die Nahtzugabe bis knapp vor der Naht einschneiden.

Den Schalkragen rechts auf rechts an den Halsausschnitt steppen. Dabei auf die Markierung für die rückwärtige Mitte achten.

Die Nahtzugaben in den Kragen bügeln und die innere Nahtzugabe einschlagen und an die Ansatznaht stecken.

Die Kante mit der Hand annähen.

Cool kombiniert

Bei diesem T-Shirt kann für einen Loopkragen munter nach Lust und Laune losgemixt werden. Es sieht garantiert immer gut aus.

Material
- ein T-Shirt
- 0,45 m bedruckter Viskose-Krepp, 140 cm breit

Schemazeichnung Loopkragen

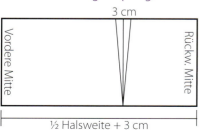

So wird's gemacht

Das T-Shirt an der vorderen Mitte zur Hälfte legen, die Schulternähte aufeinanderstecken und glatt auf den Tisch legen.

Die Schemazeichnung für den Loopkragen-Schnitt auf Papier übertragen.

Den Halsausschnitt mit dem Maßband ausmessen und die Maße auf den Schnitt übertragen.

Kragen zuschneiden: Die Webkanten jeweils zur Mitte legen und den Stoff an der oberen Kante in den Bruch legen. Die Kragenteile an vorderer und rückwärtiger Mitte anlegen und feststecken. Mit 1 cm Nahtzugabe zuschneiden. Die zugeschnittenen Teile aufklappen und an den seitlichen Nähten rechts auf rechts zusammensetzen. Die Nahtkanten auseinanderbügeln und zur Hälfte legen.

Fertig zusammengesetzter Kragen. ▶

Den Kragen rechts auf rechts offen an den Halsausschnitt stecken und ansteppen.

Die andere Kragenkante versäubern, mit 1 cm Nahtzugabe an die Ansatznaht stecken und von rechts knappkantig feststeppen.

Die Jeans hat Flecken, die nicht mehr rausgehen? Nicht wegschmeißen, aus der alten Jeans ist schnell ein Minirock gemacht!

Material
- eine Jeans
- Kontrastgarn in Gelb (passend zu den Kontraststeppungen der Jeans), Stärke 33

So wird's gemacht
Zuerst die gewünschte Rocklänge ausmessen.

Die Rocklänge zuzüglich 4 cm Saum auf die Hose übertragen, mit Schneiderkreide anzeichnen und abschneiden.

Jetzt die inneren Beinnähte auftrennen. Ein Tipp: Wenn Sie das Fadenende fassen und daran ziehen, lässt sich die Naht ganz einfach auftrennen.

Die Innen-Beinnähte sind fertig aufgetrennt. Die Schrittnaht vorn bis zum Reißverschlussansatz und hinten bis ungefähr zur Mitte der Naht auftrennen.

Jeweils die Vorderteile und die Rückenteile glatt aufeinanderlegen und feststecken oder heften. Genau in den alten Steppnähten die Teile aufeinandersteppen. Die Nahtzugabe abschneiden. Die Saumkante nach innen bügeln und feststeppen.

Fake-Fur als Frostschutz!

Es war einmal eine alte Jeansjacke, aus ihr wird eine tolle Winterweste. Dazu brauchen Sie nur etwas flauschiges Kunstfell.

Material
- eine Jeansjacke
- 0,50 m Kunstfell, 150 cm breit

So wird's gemacht

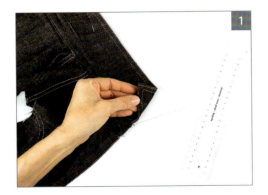

Die Ärmel vorsichtig aus der Jeansjacke heraustrennen. Dann einen Kragenschnitt anfertigen.

Dazu den Kragen glatt auf Papier legen und mit Nadeln feststecken. Die Außenkante bis zur rückwärtigen Mittelnaht nachzeichnen und die Stegbreite gleich mit anzeichnen.
Das Papier mit dem aufgesteckten Kragen umdrehen und die Halsansatznaht einzeichnen. Die rückwärtige Mittelnaht markieren.
Das Papier abnehmen und die Mittelnaht ganz einzeichnen. Schnittteil ausschneiden.

Das Besatzschnittteil ebenfalls abzeichnen.

Die Schnitteile mit Stecknadeln auf das Fell stecken und mit Schneiderkreide anzeichnen, dabei nur am Halsausschnitt 0,5 cm Nahtzugabe berücksichtigen.
Achtung: Darauf achten, dass die Teile gegengleich aufgezeichnet werden.

Am Kreidestrich entlangschneiden, dabei nur das Gewebe mit der Schere erfassen.

Die Fellhaare auseinanderziehen. ▶

Die Kragenteile an der rückwärtigen Mitte und die Besätze an den Kragen rechts auf rechts steppen. Dabei die Fellhaare mit der Scherenspitze sorgfältig zurücklegen.

… ist von außen nicht zu sehen.

Den Kragen auch anstecken. Dann alles feststeppen.

Die gesteppte Naht …

Die Nahtzugaben der Armausschnitte nach innen legen und fest steppen. Den fertigen Besatz innen in die Weste legen und von außen feststecken.

Nach Belieben Streifen für die Armausschnitte zuschneiden: 3 cm breit und in Länge des Armausschnittes. Die Streifen in die Armausschnitte steppen.

Ringel trifft Spitze

Der Jerseyrock bekommt kleine Spitzenrüschen. Zur Verlängerung wird noch ein Streifen Jersey in passender Farbe angesetzt.

So wird's gemacht

Den Rock glatt auf den Tisch legen und den Rocksaum ausmessen – Jersey etwas gedehnt messen.

Die Rüsche unter die Rocksaumkante schieben, feststecken und mit Stretchstich oder Zickzackstich feststeppen.

Jerseystreifen und Spitze zuzüglich 2 cm Nahtzugabe zuschneiden und zusammensetzen. Die Nahtzugaben auseinanderbügeln. Die Spitze auf den Jerseystreifen stecken und festheften.

Material

- ein Jerseyrock
- Jersey zum Verlängern, 140 cm breit, Länge je nach Verlängerung (hier: 0,10 m)
- Tüll-Spitze mit Rüschen zum Aufnähen, 12 cm breit, Länge Rocksaumweite mit Berücksichtigung der Mehrweite für Jerseyrock (Dehnung)

Gar nicht klein kariert

Die Langarmbluse ist zu winterlich und ein Ärmel ist am Schlitz eingerissen. Das lässt sich ändern!

Jeweils auch ein Stück der Seitennaht auftrennen.

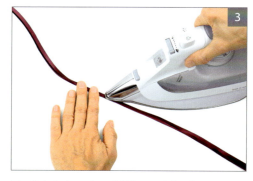

Das Schrägband zur Hälfte umbügeln.

Die Nahtzugabe der Armausschnitte an der Nahtlinie abschneiden.

Material
- eine Bluse
- Duchesse-Schrägband in einer Kontrastfarbe, 12 mm breit, 1,50 m. Die Länge richtet sich nach der Größe der Armausschnitte und des Kragens.

So wird's gemacht
Zuerst einen Armausschnitt ausmessen, das Maß verdoppeln und die Kragenkante ausmessen, um die Länge für das Schrägband zu ermitteln.
Die Ärmel vorsichtig mit dem Nahttrenner heraustrennen.

Die Schnittkante des Armausschnitts bis in den Bruch des Schrägbands legen und feststecken. Das Schrägband knappkantig feststeppen. Dabei den Armausschnitt in Form halten.
Dann nach Belieben die Kragenkante auftrennen, die Nahtzugabe abschneiden und das Schrägband genauso wie am Armausschnitt ansteppen. Am Kragenansatz die Nahtzugabe des Schrägbands einschlagen.
Zum Schluss das Stück der aufgetrennten Seitennähte wieder schließen und die Nahtkanten versäubern.

Blue Mood

Der Blazer sitzt nicht gut. Der Kragen gefällt nicht mehr. Ein Cardigan bietet mehr Styling-möglichkeiten.

Material
- ein Blazer

So wird's gemacht

Den Blazer entweder anziehen oder auf eine Schneiderpuppe ziehen.

Den Kragen hochschlagen und die gewünschte Linie abheften, z. B. an der Abnäherlinie entlang.

Die Ansatznaht am rückwärtigen Halsausschnitt auftrennen.

Den Kragen ganz abtrennen.

Den Besatz auf das Vorderteil stecken, 1 cm neben der Heftlinie eine Linie zeichnen … ▶

… und das Revers abschneiden.

Aus dem abgetrennten Kragen den Besatz für das Rückenteil zuschneiden.

Die Kanten flach bügeln.

Fertig zugeschnittene Ausschnittkante

Das Rückenteil an der rückwärtigen Mitte zur Hälfte legen, die Halsrundung auf Papier nachzeichnen. Die Schulterbreite des vorderen Besatzes messen und einen Besatzschnitt für das Rückenteil erstellen.

Den rückwärtigen Besatz rechts auf rechts an die vorderen Besätze steppen. Die Nahtzugabe an der Außenkante des rückwärtigen Besatzes nach innen legen und feststeppen. Dann den Besatz rechts auf rechts auf Vorder-/Rückenteil legen und den Halsausschnitt steppen.
Die Nahtzugaben schmal abschneiden, am rückwärtigen Halsausschnitt etwas einschneiden. Die Nahtzugaben zum Besatz gerichtet legen und von rechts knapp neben der Naht absteppen. Die Nahtzugaben liegen darunter.

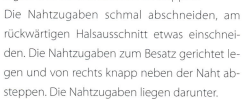

Ganz nach Bedarf kann die Jacke jetzt noch in der Taille – vorn und hinten – mit Abnähern versehen werden.

Ganz neu aufgerüscht

Eine weiße Hemdbluse hat fast jeder im Schrank. Schnell wird daraus ein besonderes Stück mit Rüschen und Stehkragen.

Material

- eine weiße Hemdbluse
- Satinband in Weiß, 25 mm breit, 1 Karte zu 3 m
- Satinband in Weiß, 38 mm breit, 2 Karten zu 3 m
- Schrägbandfix, 6 mm breit, 20 m (= 1 Packung)

So wird's gemacht

Falls vorhanden die Taschen abtrennen.
Dreimal die gewünschte Rüschenlänge rechnen. Zum Beispiel: Fertigmaß schmale Rüsche 35 cm, also 108 cm inklusive 3 cm Nahtzugabe, Fertigmaß breite Rüsche 34 cm lang, also 105 cm inklusive 3 cm Nahtzugabe.
Die Satinbänder für die Vorderseite jeweils zweimal zuschneiden. Das Satinband für den Kragen einmal zuschneiden.

Mit dem Nahttrenner zuerst die Steppnaht am Kragensteg auftrennen, dann den Kragen vom Kragensteg abtrennen.

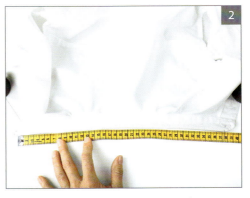

Am Steg die Kragenweite von vorderer Mitte bis vordere Mitte gemessen: hier 38 cm x 3 = 117 cm inklusive 3 cm Nahtzugabe.

Jeweils an einer Kante der Satinbänder das Schrägbandfix aufbügeln, das Trägerband abziehen. ▶

Das breite Satinband am Anfang 1,5 cm nach innen legen und die Falten je 2 cm breit als Kellerfalten legen.

Die Kragenrüsche in den offenen Kragen bügeln und die Kragenkanten wieder aufeinandersteppen.

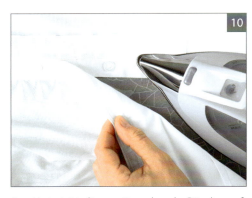

Am Untertritt die zweite schmale Rüsche aufbügeln und knappkantig aufsteppen.

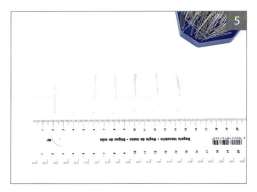

Die schmale Rüsche nur einfach in 2 cm breite Falten legen.

Die schmale Rüsche unter die Knopfleiste am Übertritt bügeln.

Die breiten Rüschen jeweils im Abstand von 1,5 cm aufbügeln und knappkantig aufsteppen.

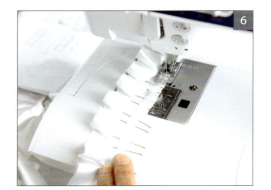

Die Falten feststeppen.

Dann knappkantig aufsteppen.

Spitzenreiter

Der alte Rock wird durch die Spitzengodets zum festlichen Outfit. Besonders hübsch ist ein Spitzenabschluss am Saum.

Die Strecke halbieren und die Mitte markieren.

Das Maßband gerade am Saum anlegen, 20 cm nach oben messen und den Punkt markieren. Für das zweite Godetteil den Punkt auf der anderen Hälfte des Vorderteils einzeichnen.

Den Rock auf links wenden, die Mittellinien einzeichnen und am Saum zu jeder Seite 2,5 cm messen. Die Punkte mit der Mittellinie verbinden, so entsteht ein Keil.

Den Keil mit 1 cm Abstand an der Linie entlang ausschneiden. Dann vorsichtig zur Keilspitze hin, bis kurz vor die Markierung einschneiden.

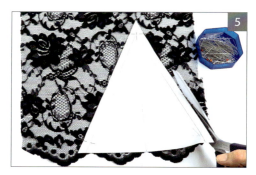

Das Godet-Schnittteil auf die Spitze legen und zweimal zuschneiden.

Das Godetteil rachts auf rechts an den Rock stecken und mit einem kleinen Maschinenstich bis zur Ecke steppen, Naht verriegeln und dann die andere Seite steppen. Die Nahtkanten versäubern und am Saum die überstehende Spitze nach innen legen und festnähen.

Material
- ein Rock
- Spitze, ca. 50 cm breit, 25 cm lang (wenn möglich mit Spitzenabschluss)

So wird's gemacht
Die Schemazeichnung des Godetteils (Seite 60) auf Papier übertragen.
Falls ein Gehschlitz in dem Rock ist, diesen zuerst zunähen. Dann den Rock glatt auf den Tisch legen und an der Saumkante die vordere Mitte mit einer Stecknadel markieren.

Das ist Spitze!

Eine Einladung zur Party? Nichts Richtiges anzuziehen? Dieses T-Shirt sieht zur Jeans genauso gut aus wie zum Maxirock.

Material
- ein T-Shirt
- 0,25 m Tüllspitze, 140 cm breit
- Jersey (ein Rest), ca. 70 cm breit, 5 cm lang

So wird's gemacht

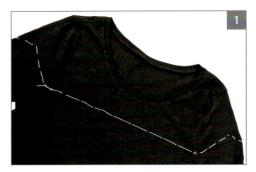

Am T-Shirt eine Linie markieren, an der die Passenlinie ansetzen soll. Ganz nach Belieben nur am Vorderteil oder auch am Rückenteil. Am Ärmel ist der Spitzenansatz schräg angezeichnet (siehe Foto). Ein Stück Papier auf Vorder- und Rückenteil stecken und die Passenteile abzeichnen. Genauso am Ärmel verfahren. Passenschnitt an der Mitte falten und den Armausschnitt und Halsausschnitt ausgleichen.

Die Spitze doppelt jeweils im Stoffbruch legen und die Schnittteile aufstecken. Dann die Teile zuschneiden. Nahtzugabe von 1 cm aber nur am Armausschnitt und an der Schulternaht zugeben.

Vorder- und Rückenteil rechts auf rechts legen und eine Schulternaht steppen. Nahtkanten versäubern und nach hinten bügeln.
Den Halsausschnitt ausmessen und einen 3 cm breiten Streifen aus Jersey zuschneiden. Achtung: Den Jerseystreifen quer zur Rippe zuschneiden! Den Halsausschnitt mit dem Streifen einfassen.

Die andere Schulternaht rechts auf rechts steppen, Nahtkanten versäubern und nach hinten bügeln. An der Schulter die Nahtzugabe verriegeln. Dann noch die Ärmelteile einsetzen.

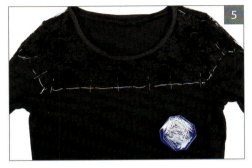

Nun die fertige Spitzenpasse an die Heftlinie des T-Shirts legen. Darauf achten, dass die Ärmeleinsatznähte von Jersey und Spitze aufeinanderliegen. Mit Nadeln fixieren.

Mit einem kleinen Zickzackstich von rechts entlang der Spitzenkante aufsteppen.

Das T-Shirt auf links wenden und dicht an der Zickzacklinie das T-Shirt wegschneiden.

Es war einmal ein Hemd ...

Ein altes hellblaues Herrenhemd ist schnell umgearbeitet zu einem tollen, femininen Freizeitoutfit mit Hüftgummi.

Material
- ein Herrenhemd
- Gummiband in Weiß, 5 cm breit, in Länge der Hüftweite

So wird's gemacht

Das Hemd anprobieren und das Zuviel an Weite an den Seitennähten abstecken. Auf Hüfthöhe das Gummiband anlegen und feststecken. Dann die Linie durchheften.

Neben der Seitennaht 1,5 cm als Nahtzugabe anzeichnen, dann den überschüssigen Stoff abschneiden.

Nun die obere Nahtzugabe auf 0,5 cm zurückschneiden.

Die andere Nahtzugabe einschlagen und bügeln. Dann knappkantig aufsteppen.

Am Vorderteil jeweils von der vorderen Kante zur Seite 10 cm abmessen und mit einem Heftfaden markieren.

Das Gummiband um die Hüfte legen, dabei gedehnt halten. Länge ausmessen, für jede Seite 1 cm Nahtzugabe zugeben. Das Gummiband zur Hälfte legen und die Mitte markieren. Am Hemd die rückwärtige Mitte ebenfalls markieren. Das Gummiband an der rückwärtigen Mitte und jeweils vorn anstecken. Die Mehrweite gleichmäßig verteilen.

Das Gummiband gedehnt an den Kanten aufsteppen. Nach Belieben zwei- oder dreimal steppfußbreit nebeneinandersteppen.

Geschickt verlängert!

Der alte Rock ist zu kurz. Mit zwei oder auch mehr eleganten Volants aus Taft bekommt er die gewünschte Länge.

Material
- ein Rock
- 0,60–0,70 m Polyester-Taft, 140 cm breit

So wird's gemacht

Die Vorlagen für die Volants von Seite 60/61 (innere Schnittlinie = schmalerer Volant) als zwei separate Schnittteile zeichnen.

Den Rock glatt auf den Tisch legen und die vordere Saumweite ausmessen. Den Rock umdrehen, dann die rückwärtige Saumweite zuzüglich Schlitzuntertritt (wenn vorhanden) messen.

Die Rocksaumweite auf die obere Kante der Schnittteile übertragen. Achtung: Die Volant-Schnittteile entsprechen nur einem Viertel der Rocksaumweite!

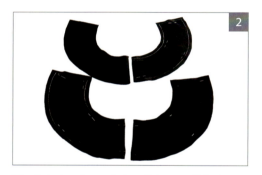

Die Schnittteile auf den Polyester-Taft legen, dabei liegt eine gerade Seite jeweils am Stoffbruch, dann feststecken.
Jeden Volant zweimal zuschneiden.

Jeweils die breiten und die schmalen Volantteile an einer Naht rechts auf rechts zusammennähen. Nahtkanten versäubern und auseinanderbügeln.

Die Saumkante der Volants versäubern, knappkantig nach innen bügeln und feststeppen. Die obere Kante ebenfalls versäubern. Die offenen Kanten für den Schlitz, einschlagen und steppen. Den breiten Volant 1 cm unter die Saumkante des Rockes legen und feststecken. Von rechts knappkantig feststeppen.

Vom Rocksaum nach oben 2,5 cm messen und eine Linie heften. Den schmalen Volant auf die Heftlinie nach oben gerichtet stecken und ansteppen. Diesen vorsichtig nach unten bügeln.

Chinos – cool und trendy!

Manche mögen's schnell! Supereinfach und in kürzester Zeit lässt sich aus der weiten Hose eine aktuelle Chinohose zaubern.

Material
- eine weite Hose

So wird's gemacht

Die Hose anziehen und an den Hosenbeinen innen und außen die gewünschte Weite abstecken.

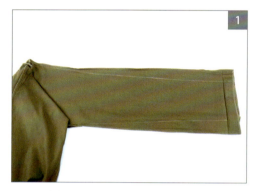

Die Nadeln nur an der oberen Stofflage einstechen, die Hose wenden, den Saum auftrennen und die Nadelmarkierungen mit Schneiderkreide anzeichnen. Die Nadeln entfernen und eine durchgezogene Linie mit Kreide einzeichnen.

Das andere Hosenbein genauso vorbereiten und entlang der Linien steppen. Die Nahtkanten auf 1 cm abschneiden und versäubern.

Eventuell die Hose nach Belieben kürzen oder hochkrempeln.

Mit fremden Federn geschmückt

Der Pullover wirkt irgendwie langweilig? Mit der Marabufederboa bekommt er ein neues Gesicht und ist auch für Partygänger der Hit.

So wird's gemacht

Zuerst den gewünschten Halsausschnitt und die Ärmelsaumweite ausmessen. Achtung: Die Ärmelsaumweite verdoppeln.

Die Federboa locker an den Halsausschnitt stecken, dann abschneiden.
Mit der Hand die Federboa annähen. Das geht am besten von der linken Pulloverseite aus, weil sich der Nähfaden sonst in den Federn verfangen kann.

Genauso mit den Ärmelsäumen verfahren.

Material

- ein Pullover
- Marabufederboa in Pink, als Meterware erhältlich. Die Länge richtet sich nach der Größe des Halsausschnitts und der Ärmelsaumweiten.

Der Figur zuliebe

Der Rock ist zu eng und die Nahtzugabe reicht zur Erweiterung nicht aus. Die Blenden aus Strickstoff machen ihn passend.

Material

- Ein Rock
- Strickschlauch/Bündchenstoff, ca. 50 cm breit, je nach Rocklänge (hier ca. 60 cm)
- Gurtband, 3 cm breit, in Taillenlänge zuzüglich Nahtzugabe
- 1 Rockhaken mit Öse

So wird's gemacht

Das Bündchen vom Rock abtrennen und den Saum auftrennen. Falls der Rock einen Schlitz hat, diesen zusteppen.

Auf dem Strickschlauch die Rocklänge zuzüglich Saum und obere Nahtzugabe anzeichnen.

Die Breite des Streifens auf dem Strickschlauch anzeichnen: für Größe 36 und 38 = 12 cm, für Größe 40 und 42 = 14 cm, für Größe 44 und 46 = 16 cm. An der Taillenlinie an einer Seite 1,5 cm für den rückwärtigen Hüftbogen berücksichtigen (siehe Pfeil), d. h. an der Taille wird die Nahtzugabe der Seitennaht breiter.

Die Seitennähte von Oberstoff und, wenn vorhanden, vom Futter auftrennen. ▶

Futter und Oberstoff aufeinanderstecken. Die Breite des Strickstoffstreifens (12, 14 oder 16 cm) anzeichnen – am Vorderteil einige Zentimeter mehr als am Rückenteil. Siehe Foto: vorn 7 cm, hinten 5 cm.
Die Linien mit einem Heftfaden durchheften.

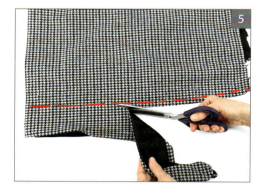

Im Abstand von 1 cm neben dem Heftfaden abschneiden.

Den Strickstoffstreifen rechts auf rechts an den Rock stecken.

Beide Seiten ansteppen und die Nahtkanten versäubern.

Die Nahtzugaben zum Rock gerichtet bügeln und von rechts knappkantig auf dem Oberstoff absteppen. Den Saum nach innen bügeln und mit der Hand annähen

Die Taillenweite ausmessen und das Gurtband zuzüglich 1 cm Nahtzugabe für den Untertritt und 5 cm Nahtzugabe für den Übertritt ausmessen, abschneiden und auf die Taillenkante stecken.

Falls die Taille am Rock zu weit sein sollte, die überschüssige Weite am Strickstoff als Abnäher (ca. 10–12 cm lang) einarbeiten. Das Gurtband nun knappkantig aufsteppen. Gurtband nach innen bügeln, an der rückwärtigen Mitte jeweils die Nahtzugabe nach innen legen, am Übertritt 2,5 cm überstehen lassen und Haken und Ösen annähen.

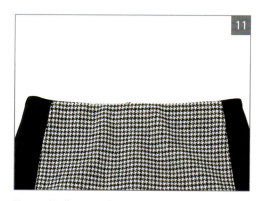

Fertige Taillenverarbeitung.

Das wird ein heißer Sommer!

Ein altes Herrensakko, zu schade zum Weggeben! Die Lösung heißt: Ärmel ab – und fertig ist das neue Outfit!

Material
- ein Herrensakko

So wird's gemacht

Das Ärmelfutter abtrennen, die Schulterpolster entfernen und die Ärmel heraustrennen.

Fertiger Armausschnitt ohne Ärmel

Wenn nötig, den Blazer an den Seitennähten enger machen, sodass auch der Armausschnitt kleiner wird.

Die Armausschnitte mit dem Futter verstürzen: Die Nahtzugaben von Futter und Oberstoff nach innen legen und den vorderen Armausschnitt rechts auf rechts steppen. Die rückwärtigen Armausschnitte genauso verarbeiten. Die Nahtzugaben knapp abschneiden und nach außen wenden. Die Armausschnittkanten flach bügeln. Wenn der Blazer nicht gefüttert ist, mit einem Schrägstreifen verstürzen.

Die alte Jeans ist noch für etwas gut! Einfach die Hosenbeine abschneiden und den Saum hochkrempeln.

Material
- eine Jeans

So wird's gemacht

Von der oberen Bundkante die Länge der Hotpants ausmessen zuzüglich ca. 8 cm, um den Saum nach außen zu krempeln.
Mit Schneiderkreide eine Linie anzeichnen.

Mit dem Handmaß ca. 4 cm vom Hosenbein abmessen und anzeichnen.

Die Hosenbeine entlang des Kreidestriches abschneiden.

Den Saum zweimal nach außen umschlagen und an den Seitennähten feststeppen.

Das abgeschnittene Hosenbein auf das andere Hosenbein legen und entlang der Schnittkante abschneiden.

Colour-Blocking ist Trend

Durch Ansetzen von zwei großen farbigen Jerseystreifen wandelt sich das T-Shirt zum Minikleid.

Material
- ein T-Shirt
- 0,50 m Jersey in Gelb, 140 cm breit
- 0,20 m Jersey mit Rosenmuster, 140 cm breit

So wird's gemacht

Das T-Shirt auf eine Schneiderpuppe ziehen oder anziehen. Mit einem Maßband die neue Länge des Shirts abstecken. Eine Linie durchheften. Das Vorderteil sollte etwas mehr Länge haben. Die Einfassung am Halsausschnitt abtrennen. 1 cm neben der Heftlinie abschneiden.

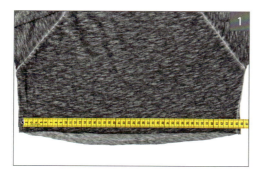

Die Saumweite am Vorderteil und Rückenteil ausmessen.

Die Stoffe zuschneiden: Die obere Kante des gelben Jerseys = T-Shirt-Umfang zuzüglich 1 cm Nahtzugabe. Nach unten auf jeder Seite 6 cm weiter werden lassen (inkl. Nahtzugabe). Die Hüftweite kontrollieren, damit das Kleid nicht zu eng wird. Den Saumstreifen in Breite des gelben Jerseys zuschneiden.

Ein Stück der Seitennähte auftrennen und das gelbe Rockteil rechts auf rechts ansteppen. Mit der Overlockmaschine arbeiten oder mit einem kleinen Zickzackstich steppen. Die Nahtkanten versäubern und nach oben bügeln. Dann den Saumstreifen rechts auf rechts ansteppen und weiterverarbeiten, wie oben beschrieben.

Die Seitennähte aufeinanderlegen, sodass die Kreuznähte passen, steppen, versäubern, flach bügeln. Dann den Saum ansteppen.

Ein Stück Schulternaht auftrennen, den Halsausschnitt ausmessen und einen Streifen 4 cm breit quer zum Maschenverlauf zuschneiden. Den Streifen leicht gedehnt, rechts auf rechts an den Halsausschnitt steppen. Den Streifen um die Nahtzugabe herum nach innen bügeln, die Kante versäubern und von rechts knappkantig feststeppen.

Zum Schluss das Stück Schulternaht schließen. Die Ärmel nach Belieben kürzen.

Material und Werkzeug

Nähmaschinennadeln
Die zu verwendende Stärke hängt von Stoff und Garnstärke ab. In den Herstellerangaben der Nähmaschinen sind entsprechende Tabellen zu finden. Generell gilt: je höher die Nadelnummer, desto dicker die Nadel. Für feinere Stoffe dünne Nadeln verwenden (Nr. 60 oder 70).

Stecknadeln, Nähnadeln
Stecknadeln sind unverzichtbar zum Fixieren der Stofflagen. Zum Heften und für Handstiche immer eine Auswahl Universalnadeln bereithalten.

Garne
Bei der Garnwahl stets auf gute Qualität achten, um reißende Fäden, Knoten, Schlaufen und springende Spulen zu vermeiden. Synthetikgarne sind unverwüstlich, werden auch als „Allesnäher" bezeichnet und leisten gerade zum Einstieg gute Dienste. Daneben gibt es Baumwoll- oder feine Seidengarne. Heftgarn (auch Reihgarn genannt) besteht aus lose verzwirnter Baumwolle und kann leicht zerrissen und rasch entfernt werden.

Stoffschere, Nahttrenner
Zum Zuschneiden des Stoffes benötigen Sie eine Stoffschere. Sie sollte ausschließlich zu diesem Zweck verwendet werden. Nehmen Sie daher eine zweite Schere, um die Papierschnitte auszuschneiden.
Zum Auftrennen von Kleidungsstücken leistet ein Nahttrenner gute Dienste.

Maßband, Handmaß und Kreide
Maßband und Handmaß sind unerlässlich beim Zuschnitt und bei der passgenauen Näharbeit. Mit Schneiderkreide und wasserlöslichen Markierstiften werden Schnittteile auf den Stoff aufgezeichnet, Linien und Punkte markiert. Schneiderkreide wird mit der Zeit wieder unsichtbar, sollte aber besser auf der linken Stoffseite verwendet werden. Sie eignet sich besonders, wenn lange Schnittstrecken markiert werden sollen.

Näh-ABC

Duchesse
Atlasbindiges Gewebe mit dichten Kettfäden.

Chiffon
Feines, halbtransparentes Gewebe aus Seide oder Kunstfasern in Leinwandbindung.

Godet
Ein keilförmiger Stoffeinsatz, der in den Saum eines Rockes eingenäht wird, um diesem mehr Weite zu geben.

Einkräuseln
Eine Kante wird zweimal im Abstand von wenigen Millimetern mit großen Stichen abgesteppt. An Nahtanfang und -ende das Nähgarn in langen Fäden hängen lassen und die Enden nicht verriegeln. Durch Ziehen der Unterfäden lässt sich das Gewebe jetzt einkräuseln. Den Stoff auf die angegebene Weite zusammenziehen.
Hat der Stoff die gewünschte Weite, werden die Nahtenden verknotet und die Kräusel gleichmäßig über den Stoff verteilt.

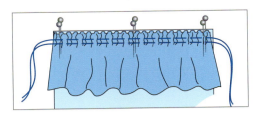

Einschneiden
Bei Ecken und Rundungen wird die Nahtzugabe bis etwa vor die Nahtlinie eingeschnitten. So legen sich die Ecken und Rundungen schön glatt.

Fadenspannung
Je nach Stoffart muss die Fadenspannung der Nähmaschine reguliert werden, damit keine Garnschlaufen entstehen. Am besten zunächst ein kleines Teststück anfertigen.

Füßchenbreit absteppen
Die Außenkante des Nähfußes schließt beim Steppen mit der Stoffkante ab.

Im Nahtschatten steppen
Auf der rechten Seite einer Nahtlinie etwa 1 mm neben der Naht steppen.

Jersey siehe Maschenware

Kellerfalte
Eine Falte, die nach innen liegt. Sie entsteht durch zwei mit den Brüchen aneinanderstoßende Falten.

Knappkantig steppen
Für eine knappkantige Naht sticht die Nadel nur etwa 1–2 mm neben der Stoff- oder Bruchkante ein.

Maschenware
Zum Verarbeiten von Maschenware wie Jersey oder Strickschlauch (auch Bündchenstoff genannt) eignet sich am besten eine Stretchnadel, bei dickeren Stoffen auch eine Jerseynadel.

Nahtkreuzungen
Die Nähte an der Kreuzung genau aufeinanderlegen. Die Ecken der Nahtzugaben spitz zulaufend abschneiden.

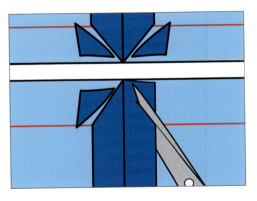

Zuerst die Stoffteile an der Kreuzung stecken, dann an der restlichen Naht stecken und heften. Als einfache Naht nähen.

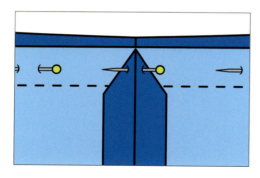

Die Nahtzugaben auseinanderbügeln. Auf der rechten Stoffseite bilden die Nähte eine Kreuzung im rechten Winkel.

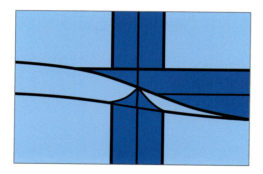

Nahtzugabe
Der Stoff zwischen der Schnittkante und der Naht. Wenn der Stoff zu nah an der Kante genäht wird, reißt die Naht wieder auf, deshalb wird beim Zuschnitt eine Nahtzugabe hinzugenommen. Ihre Breite ist in den Anleitungen stets angegeben.

Ober- und Unterfaden
Jeder Nähmaschinenstich besteht aus einem Ober- und einem Unterfaden, die beim Einstechen miteinander verschlungen werden. Der Oberfaden wird von oben und von außen durch diverse Halterungen zur Nadel geführt. Der Unterfaden befindet sich auf einer Spule in der Spulenkapsel unter der Stichplatte. Der Unterfaden muss vor Nähbeginn auf die Spule gespult werden.

Rechte und linke Stoffseite
Jeder Stoff hat eine rechte und eine linke Seite. Die rechte Seite entspricht der Stoffaußenseite. Bei bedruckten Stoffen ist hier das Muster deutlicher zu sehen. Werden Stoffe rechts auf rechts gelegt, befinden sich die Stoffaußenseiten innen und die („weniger schönen") linken Seiten außen. Liegt ein Stoff links auf links, liegen die rechten Seiten außen.

Rüsche
Unterschiedlich breiter gekräuselter Stoffstreifen zur Verzierung an Kanten wie Säumen, Ärmeln, Kragen usw. Siehe Einkräuseln.

Stecken und Heften
Stoffteile immer erst mit Stecknadeln fixieren von Hand mit langen Vorstichen oder mit der Nähmaschine mit langen Geradstichen heften, damit sie beim Nähen nicht verrutschen oder Falten werfen. Stecknadeln stets quer zur Nährichtung stecken und beim Nähen Stück für Stück herausziehen, sonst kann die Nähnadel abbrechen.

Steppen
Mit der Nähmaschine im Geradstich nähen.

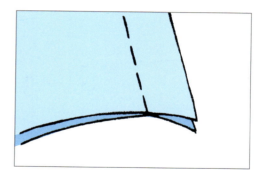

Stoffbruch
Bei doppelter Stofflage entsteht eine Faltlinie, die als Stoffbruch bezeichnet wird. Auf einem Schnitt wird der Bruch meist als durchbrochene Linie dargestellt. Dort wird der Stoff gefaltet und die entsprechende Kante des Schnitts ohne Nahtzugabe aufgelegt. An dieser Stelle entsteht keine Naht.

Stretchstich
Die meisten Nähmaschinen verfügen über diese Einstellung für dehnbare Nähte, mit der sich elastische Stoffe (z. B. Maschenware) gut nähen lassen.

Strickschlauch siehe Maschenware

Taft
Feines, glänzendes Gewebe aus Seide oder Synthetikfasern (z. B. Polyester-Taft) in Leinwandbindung.

Übertritt und Untertritt
Zwei fertige Kanten, die sich überlappen. Der Übertritt liegt immer oben, der Untertritt unten. Diese aufeinanderliegenden Stoffteile (z. B. an Verschlusskanten oder Kleiderschlitzen) sind oft mit einer Einlage verstärkt. Bei überlappenden Verschlusskanten an Kleidungsstücken wird der Übertritt meist mit Knopflöchern versehen, auf dem Untertritt werden die Knöpfe angebracht.

Verriegeln
Am Anfang und Ende jeder Naht werden einige Stiche vorwärts und dann rückwärts genäht, damit sich die Naht nicht wieder auflöst. Am Nahtbeginn drei bis vier Stiche nähen, dann die Rückwärtstaste drücken und drei bis vier Stiche zurücknähen, bevor die ganze Naht erneut vorwärts genäht wird. Das Nahtende mit drei bis vier Rückwärtsstichen sichern.

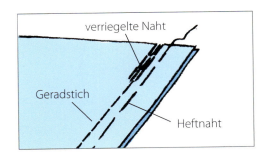

Versäubern
Damit die Stoffkanten nicht ausfransen, sollten die Nahtzugaben versäubert werden. Hierzu eignet sich der Zickzack- oder ein Overlockstich. Falls die beiden Nahtzugaben einer Naht getrennt versäubert werden, geschieht dies, bevor die Naht genäht wird.

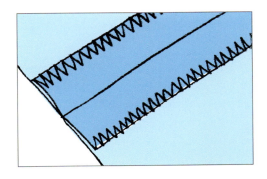

Zusammen versäubert werden die Nahtzugaben, nachdem die Naht geschlossen worden ist.

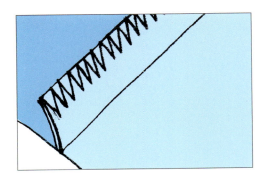

Verstürzen
Zwei Stoffteile (z. B. für einen Kragen) werden rechts auf rechts zusammengenäht und anschließend gewendet (= verstürzt), sodass die rechte Stoffseite außen liegt und die Nahtzugaben unsichtbar zwischen den beiden Stoffteilen.

Volant
Breiter, kreisförmig zugeschnittener und in Falten gelegter Besatz, z. B. an einem Rock.

Vorlagen

Schemazeichnung Rock mit Spitzengodets, Seite 36

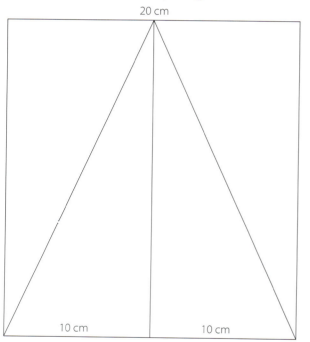

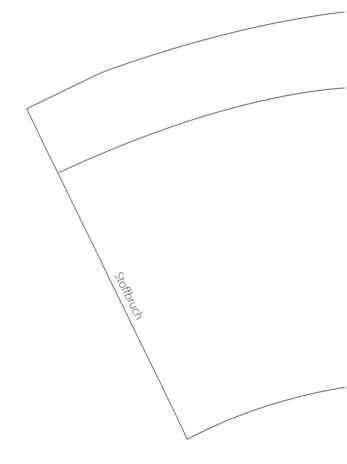

Schemazeichnung Schluppenbluse (Kragen), Seite 18

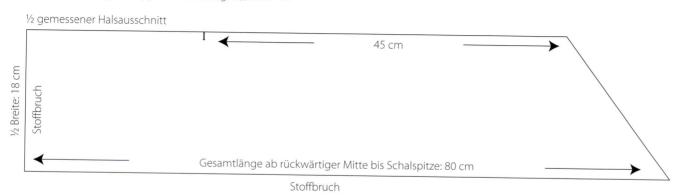

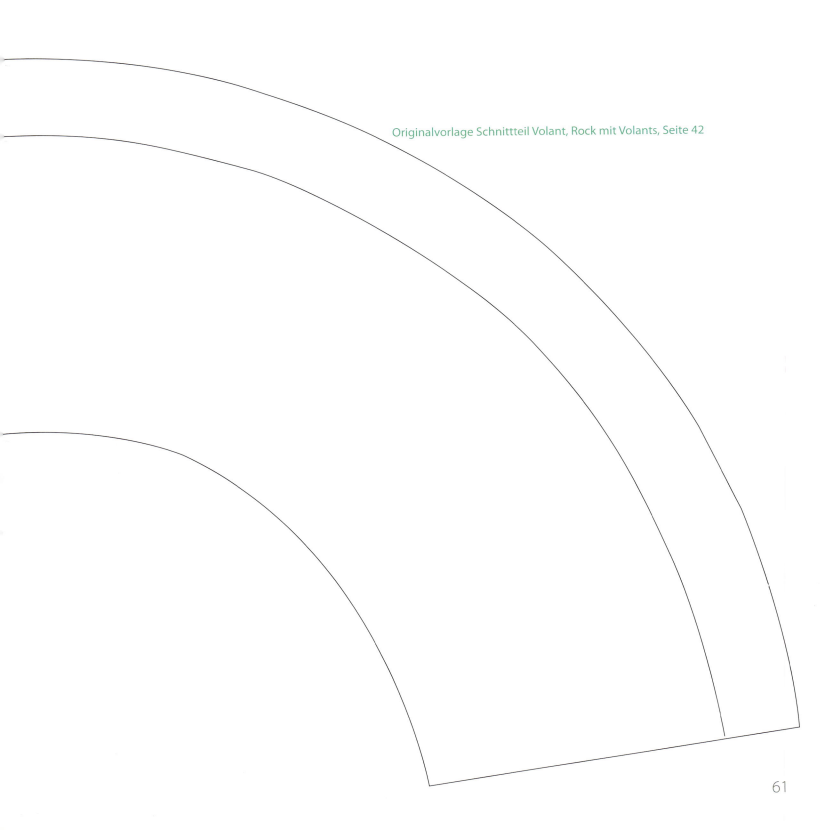

Originalvorlage Schnittteil Volant, Rock mit Volants, Seite 42

Impressum

Entwurf, Realisation und Text: Mia Führer
Redaktion: Angelika Klein
Lektorat: Regina Sidabras
Fotografie: Florian Bilger
Styling: Peggy Kummerow
Lehrgangsfotos: Thorsten Klemz, Andreas Lehmann
Schnitte und Vorlagen: Mia Führer
Gesamtgestaltung und Satz: GrafikwerkFreiburg
Reproduktion: Meyle + Müller GmbH & Co. KG, Pforzheim
Druck und Verarbeitung: Himmer AG, Augsburg

ISBN 978-3-8410-6157-7
Art.-Nr. OZ6157

© 2013 Chr stophorus Verlag GmbH & Co. KG, Freiburg
Alle Rechte vorbehalten.

Sämtliche Modelle, Illustrationen und Fotos sind urheberrechtlich geschützt. Jede gewerbliche Nutzung ist untersagt. Dies gilt auch für eine Vervielfältigung bzw. Verbreitung über elektronische Medien.

Der Verlag hat größtmögliche Sorgfalt walten lassen, um sicherzustellen, dass alle Angaben und Anleitungen korrekt sind, kann jedoch im Falle unrichtiger Angaben keinerlei Haftung für eventuelle Folgen, direkte oder indirekte, übernehmen.

Die gezeigten Materialien sind zeitlich unverbindlich. Der Verlag übernimmt für Verfügbarkeit und Lieferbarkeit keine Gewähr und keine Haftung.

Stoffe und Spitzen
- „DER STOFF", Stoffhandels-GmbH, Nordhorn
  www.der-stoff.com

Kurzwaren und Zubehör
- Gütermann SE, Gutach
  www.guetermann.com
- Prym Consumer GmbH, Stolberg
  www.prym-consumer.com

Dank
Wir danken der Firma Pfaff über VSM Deutschland GmbH für die Bereitstellung der Nähmaschine und dem OZ-Verlag für die Unterstützung mit einem Rock aus der Kollektion „Meine Nähmode plus", Seite 39. Und wir danken der Firma Prym Consumer für die Bereitstellung der Rüschenbluse.

Kreativ-Service

Sie haben Fragen zu den Büchern und Materialien? Frau Erika Noll ist für Sie da und berät Sie rund um alle Kreativthemen. Rufen Sie an! Wir interessieren uns auch für Ihre eigenen Ideen und Anregungen. Sie erreichen Frau Noll per E-Mail: **mail@kreativ-service.info** oder Tel.: **+49 (0) 5052 / 91 18 58** Montag bis Donnerstag: 9–17 Uhr / Freitag: 9–13 Uhr

Besuchen Sie uns im Internet: **www.christophorus-verlag.de**